LE SUPER QUIZ

Quel célèbre attaquant français était surnommé « The King » ?

A. Jean-Pierre Papin

B. David Ginola

C. Éric Cantona

Réponse : C.

Fly Emirates

LE SUPER QUIZ

Combien de Ligues des champions
Ronaldinho a-t-il remportées ?

A. 0

B. 1

C. 3

Réponse : B.

bwin

LE SUPER QUIZ

Dans quel club Paolo Maldini a-t-il fait toute sa carrière ?

Réponse : l'AC Milan. Le défenseur italien a joué pour ce club de 1985 à 2009.

LE SUPER QUIZ

Qui a remporté le Ballon d'or en 2007 ?

A. Ricardo Kaká

B. Cristiano Ronaldo

C. Lionel Messi

Réponse : A. Le Brésilien l'a remporté devant Cristiano Ronaldo et Lionel Messi.

LE SUPER QUIZ

Qui a remporté le Ballon d'or en 2002 ?

A. Michael Owen

B. Thierry Henry

C. Ronaldo

Réponse : C. Le Brésilien l'a remporté devant Roberto Carlos et Oliver Kahn.

FIFA
WORLD CUP

LE SUPER QUIZ

Qui fut le meilleur buteur
de la Coupe du monde 2006 ?

A. Diego Forlán
B. Bastian Schweinsteiger
C. Miroslav Klose

Réponse : C. L'Allemand marqua 5 buts.

FIFA
FIFA
WORLD CUP

LE SUPER QUIZ

Qui fut le meilleur buteur de la Coupe du monde 2002 ?

A. Ronaldinho

B. Miroslav Klose

C. Ronaldo

Réponse : C. Le Brésilien marqua 8 buts.

WORLD CUP

LE SUPER QUIZ

Qui fut désigné meilleur joueur de la Coupe du monde 2002 ?

A. Ronaldo

B. Rivaldo

C. Oliver Kahn

Réponse : C.

O 2020

LE SUPER QUIZ

Qui était le capitaine de la Grèce
lors de sa victoire à l'Euro 2004 ?

A. Theódoros Zagorákis

B. Antónios Nikopolídis

C. Ángelos Charistéas

Réponse : A.

All
LIVE LIMITLESS
30

LE SUPER QUIZ

En 2007, contre quelle équipe
Messi a-t-il inscrit son premier triplé ?

A. Real de Madrid

B. Celta Vigo

C. Real Sociedad

Réponse : A.

All
LIVE LIMITLESS
30

LE SUPER QUIZ

Lors de sa première saison chez les pros, quel numéro portait Messi ?

A. 23

B. 30

C. 87

Réponse : B. Il portait le numéro 30 en hommage à ses 2 coéquipiers et amis, Ronaldinho (numéro 10) et Deco (numéro 20).

adidas
TeamViewe

LE SUPER QUIZ

En 2003, contre quel pays
Cristiano Ronaldo a-t-il joué
son premier match international ?

A. La Belgique

B. Le Kazakhstan

C. Le Nigeria

Réponse : B.

adidas
TeamViewe

LE SUPER QUIZ

En 2007, Cristiano Ronaldo
s'est blessé. Que lui est-il arrivé ?

A. Il a glissé sur une plaque d'égout

B. Il s'est coupé avec un sifflet

C. Il a shooté dans une bouteille d'eau

Réponse : C. Furieux de son remplacement,
il s'est blessé au pied en shootant dans une
bouteille d'eau remplie.

adidas
TeamViewe

LE SUPER QUIZ

Vrai ou faux ?
En 2008, Cristiano Ronaldo faisait plus de 3 000 abdos par jour.

Réponse : Vrai. Le préparateur physique du Real de Madrid fut même contraint de lui interdire d'en faire autant, car cela déséquilibrait les muscles de son ventre par rapport à ceux de son dos.

FIFA
WORLD CUP

LE SUPER QUIZ

Lors de la finale de la Coupe du monde 2006, France-Italie, quel joueur s'est déboîté l'épaule ?

A. Zinédine Zidane

B. Fabien Barthez

C. Patrick Vieira

Réponse : A.

LE SUPER QUIZ

Quel numéro de maillot Zinédine Zidane portait-il au Real de Madrid ?

Réponse : Zizou portait le numéro 5.

10

LE SUPER QUIZ

Combien de cartons rouges Zinédine Zidane a-t-il reçus durant sa carrière ?

Réponse : 14 cartons rouges (2 en équipe de France, 3 à Bordeaux, 6 à la Juventus et 3 au Real de Madrid).

10

LE SUPER QUIZ

Qui a dit : « Contre Zidane, vous n'avez qu'une chose à faire : prier » ?

A. Andrea Pirlo

B. Gennaro Gattuso

C. Marco Materazzi

Réponse : B. Gennaro Gattuso a déclaré cela avant la finale de la Coupe du monde 2006 (France-Italie).

10

LE SUPER QUIZ

Vrai ou faux ?
Zinédine Zidane
possède une statue en cire
au musée Grévin.

Réponse : Vrai. Sa statue est placée
à côté de celle de Fabien Barthez.

10

LE SUPER QUIZ

En quelle année Zinédine Zidane
a-t-il remporté le Ballon d'or ?

A. 1996

B. 1998

C. 1999

Réponse : B.

10

LE SUPER QUIZ

Combien de Ligues des champions Zinédine Zidane a-t-il remportées (en tant que joueur) ?

Réponse : Une Ligue des champions (avec le Real de Madrid en 2002).

LE SUPER QUIZ

Peux-tu citer 3 clubs dans lesquels Zinédine Zidane a joué ?

Réponse : Zizou a joué dans 4 clubs :
l'AS Cannes, les Girondins de Bordeaux,
la Juventus de Turin et le Real de Madrid.

ELYSIA

LE SUPER QUIZ

Quelle taille mesure
Zinédine Zidane ?

A. 1,85 mètre
B. 1,90 mètre
C. 1,95 mètre

Réponse : A.

adidas
TeamViewe

LE SUPER QUIZ

Combien de championnats d'Angleterre Cristiano Ronaldo a-t-il remportés ?

A. 2

B. 3

C. 4

Réponse : B.

adidas

LE SUPER QUIZ

Lors de l'Euro 2004,
contre quel pays Cristiano Ronaldo
a-t-il marqué son premier
but international ?

A. Grèce
B. Angleterre
C. Suède

Réponse : A.

10

LE SUPER QUIZ

Combien de buts
Zinédine Zidane a-t-il marqués
avec l'équipe de France ?

A. 9

B. 18

C. 31

Réponse : C.

LE SUPER QUIZ

Qui a dit : « Avec Falcao dans le onze de base, on entame chaque match avec un but d'avance » ?

A. Claudio Ranieri

B. Alex Ferguson

C. Diego Simeone

Réponse : A.

FIFA
FIFA
WORLD CUP

LE SUPER QUIZ

Qui fut désigné meilleur joueur
de la Coupe du monde 2018 ?

A. Kylian Mbappé

A. Eden Hazard

B. Luka Modrić

Réponse : C.

LE SUPER QUIZ

Quel légendaire joueur anglais
a marqué un triplé en finale
de la Coupe du monde 1966 ?

A. Geoffrey Hurst

B. Bobby Charlton

C. Bobby Moore

Réponse : A.

ELYSIA

uhlsport

LE SUPER QUIZ

Lequel de ces anciens joueurs a le plus de followers sur Instagram (chiffres février 2022) ?

A. Ronaldinho

B. Steven Gerrard

C. Didier Drogba

Réponse : A. Le Brésilien arrive en tête avec 63,4 millions. Il devance Didier Drogba (11,2 millions) et Steven Gerrard (9,7 millions).

LE SUPER QUIZ

En 2007, qui étaient
« les 4 Fantastiques » du FC Barcelone ?

A. Messi, Ibrahimović, Ronaldinho et Villa

B. Iniesta, Messi, Eto'o et Ronaldinho

C. Ronaldinho, Messi, Henry et Eto'o

Réponse : C.

Fly
32

LE SUPER QUIZ

En 2003, quel numéro de maillot a choisi David Beckham lors de son arrivée au Real de Madrid ?

A. 7

B. 10

C. 23

Réponse : C (en hommage à son sportif préféré, le basketteur Michael Jordan).

LE SUPER QUIZ

Entre 2003 et 2007,
quel joueur anglais a inscrit 20 buts
pour le Real de Madrid ?

Réponse : David Beckham.

uhlsport

LE SUPER QUIZ

Entre 2004 et 2009, quel joueur africain a inscrit 139 buts pour le FC Barcelone ?

Réponse : Le génial attaquant camerounais Samuel Eto'o.

uhlsport

LE SUPER QUIZ

Quel joueur africain
était surnommé « L'Épervier » ?

A. Didier Drogba

B. Nwankwo Kanu

C. Emmanuel Adebayor

Réponse : C.

LE SUPER QUIZ

Entre 2003 et 2018,
combien de buts Wayne Rooney
a-t-il marqués pour l'Angleterre ?

A. 38

B. 53

C. 71

Réponse : B.

uhlsport

LE SUPER QUIZ

Quel légendaire joueur brésilien a inventé le geste technique « espaldinha » ?

A. Rivaldo

B. Romário

C. Ronaldinho

Réponse : C. Ce geste incroyable consiste à dévier le ballon avec le dos.

LE SUPER QUIZ

Quel est le nom complet
du légendaire joueur
portugais Luís Figo ?

A. Luís Filipe Madeira Caeiro Figo

B. Luís Raúl Bravo Figo

C. Luís Riveira Dos Santos Figo

Réponse : A.

adidas
TeamViewe

LE SUPER QUIZ

Vrai ou faux ?
Lorsqu'il évoluait
à Manchester United (2003-2009),
Cristiano Ronaldo vivait
encore avec sa maman.

Réponse : Vrai. Il a toujours été
très proche de sa famille et en particulier
de sa maman.

uhlsport

LE SUPER QUIZ

En 2008, quel joueur
a frôlé la mort en raison d'une crise
d'appendicite mal soignée ?

A. Eden Hazard

B. Virgil van Dijk

C. Robert Lewandowski

Réponse : B. Âgé alors de 17 ans, Virgil est resté plusieurs jours en soins intensifs et a perdu plus de 10 kilos.

O 2020

LE SUPER QUIZ

En 2008, quel joueur a marqué
le 500e but de l'histoire de l'Euro ?

A. Xavi

B. Michael Ballack

C. Andreï Archavine

Réponse : A.

LE SUPER QUIZ

Combien de buts Raúl a-t-il inscrits pour le Real de Madrid ?

A. 201

B. 323

C. 488

Réponse : B (entre 1994 et 2010).

LE SUPER QUIZ

Quel joueur français a raté son penalty lors de la séance des tirs aux buts de la finale de la Coupe du monde 2006 ?

Réponse : David Trezeguet.

BenQ
SIEMENS

LE SUPER QUIZ

Dans quel club Roberto Carlos
n'a-t-il pas joué ?

A. Le Fluminense FC

B. L'Inter de Milan

C. Le Fenerbahçe SK

Réponse : A.

ELYSIA

LE SUPER QUIZ

Quelle taille mesure le défenseur brésilien Roberto Carlos ?

A. 1,59 mètre

B. 1,64 mètre

C. 1,68 mètre

Réponse : C.

DES CLUBS CHAMPIONS
EUROPÉENS
MPIONS
AGUE

LE SUPER QUIZ

Quel est le seul joueur à avoir remporté 4 Ligues des champions avec 3 clubs différents ?

A. Clarence Seedorf

B. Zlatan Ibrahimović

C. Cristiano Ronaldo

Réponse : A (Ajax d'Amsterdam en 1995, Real de Madrid en 1998 et AC Milan en 2003 et 2007)

DES CLUBS CHAMPIONS
EUROPÉENS

LE SUPER QUIZ

En 2005, qui est devenu le plus vieux joueur à marquer en finale de la Ligue des champions ?

A. Paolo Maldini

B. Thierry Henry

C. Andriy Chevtchenko

Réponse : A. Paolo Maldini avait 36 ans et 333 jours.

All
30

LE SUPER QUIZ

Vrai ou faux ?
Lionel Messi a dit :
« La défaite n'est pas un jeu. »

Réponse : Faux.
C'est une citation d'Éric Cantona.

ELYSIA

LE SUPER QUIZ

Quel joueur légendaire a joué dans un film au côté de Sylvester Stallone ?

A. Pelé

B. Diego Maradona

C. Michel Platini

Réponse : A. Sorti en 1981, ce film américain s'appelait *À nous la victoire*.

LE SUPER QUIZ

Quel est le tout premier joueur à avoir eu un jeu vidéo à son nom ?

A. Ronaldo

B. Romário

C. Pelé

Réponse : C. Sorti en 1980, ce jeu s'appelait *Pelé's Soccer*.

10

LE SUPER QUIZ

Qui a déclaré : « Maradona, je ne le prendrais pas en voiture, même si je le croisais un jour de pluie » ?

A. Pelé

B. Johan Cruyff

C. Michel Platini

Réponse : A.

21

LE SUPER QUIZ

Vrai ou faux ?
Zlatan Ibrahimović est passionné par la chasse.

Réponse : Vrai.

30
LIVE LIMITLESS

LE SUPER QUIZ

Que s'est-il passé
lors du premier match de Messi
avec l'équipe d'Argentine ?

A. Il a reçu un carton rouge

B. Il a été blessé au visage

C. Il avait un maillot sans numéro

Réponse : A. Il a reçu ce carton rouge après seulement 47 secondes de jeu !

uhlsport
ELYSIA

LE SUPER QUIZ

De quel joueur légendaire le footballeur Emanuel Biancucchi est-il le cousin ?

A. Lionel Messi

B. Antoine Griezmann

C. Sergio Agüero

Réponse : A.

30

LE SUPER QUIZ

Vrai ou faux ?

Messi a signé son premier contrat sur une nappe de restaurant.

Réponse : Vrai. Alors que Messi avait 13 ans et qu'il dînait avec ses parents et le recruteur du FC Barcelone, ce dernier voulut s'assurer de signer avec Messi et il rédigea le contrat sur la nappe en papier !

adidas
TeamViewe

LE SUPER QUIZ

De quoi souffrait Cristiano Ronaldo durant sa jeunesse ?

A. Il était sourd d'une oreille

B. De troubles du comportement

C. D'arythmie cardiaque

Réponse : C. Pour soigner cette arythmie cardiaque (un battement du cœur irrégulier), il a subi une intervention chirurgicale.

1

LE SUPER QUIZ

En 1997, quel célèbre gardien de but s'est bêtement blessé à l'épaule lors d'une partie de pêche ?

A. David Seaman

B. Peter Schmeichel

C. Edwin van der Sar

Réponse : A.

LE SUPER QUIZ

Quelle était la particularité de Taribo West ?

A. Sa coiffure colorée

B. Ses dents en or

C. Ses chaussures transparentes

Réponse : A. Ce légendaire défenseur nigérian portait des tresses aux couleurs de son équipe.

FIFA
FIFA
WORLD CUP

LE SUPER QUIZ

Lors de la Coupe du monde 1994, quel joueur célébra son but en mimant le bercement d'un bébé avec ses bras ?

A. Dennis Bergkamp

B. Bebeto

C. Hristo Stoitchkov

Réponse : B. Ce geste devenu célèbre était un hommage à son épouse qui venait d'accoucher.

LE SUPER QUIZ

Quel célèbre attaquant argentin était surnommé « Batigol » ?

Réponse : Gabriel Batistuta. Il a marqué 56 buts pour l'Argentine en 78 rencontres.

10

LE SUPER QUIZ

Contre quel pays Diego Maradona a-t-il inscrit son légendaire but de la main ?

A. L'Angleterre

B. L'Italie

C. L'Espagne

Réponse : A. Il marqua ce but (baptisé « la main de Dieu ») contre l'Angleterre en quart de finale de la Coupe du monde 1986.

uhlsport

LE SUPER QUIZ

Qui a dit : « Il est toujours meilleur de faire courir le ballon. Le ballon ne transpire pas » ?

A. Franck Ribéry

B. Roberto Baggio

C. Johan Cruyff

Réponse : B.

LE SUPER QUIZ

En 1987, quel joueur a dédié
son Ballon d'or à Nelson Mandela
(encore emprisonné à ce moment-là) ?

A. Ruud Gullit

B. Maradona

C. Jean-Pierre Papin

Réponse : A.

ELYSIA

LE SUPER QUIZ

Qui a déclaré : « Un penalty est une façon lâche de marquer » ?

A. Éric Cantona

B. Lev Yachine

C. Pelé

Réponse : C.

PITCH
1

LE SUPER QUIZ

**Quel célèbre gardien
ne mesurait que 1,68 mètre ?**

A. Jorge Campos

B. José Luis Chilavert

C. Jean-Marie Pfaff

Réponse : A. Ce célèbre gardien mexicain portait des tenues extravagantes pour perturber l'équipe adverse !

1

LE SUPER QUIZ

Quel légendaire gardien de but a inventé « le coup du scorpion » ?

A. José Luis Chilavert

B. René Higuita

C. Bernard Lama

Réponse : B. Le coup du scorpion consiste à dégager le ballon en se jetant en avant et en frappant la balle avec les talons.

ELYSIA

LE SUPER QUIZ

Quel joueur légendaire
portait le message « I Love Jésus »
sur ses chaussures ?

A. Dennis Bergkamp

B. Andrea Pirlo

C. Ricardo Kaká

Réponse : C.

1
SFR

LE SUPER QUIZ

En 2009, qu'a fait le gardien allemand Jens Lehmann durant un match de Ligue des champions ?

A. Il a fait pipi sur les panneaux publicitaires

B. Il s'est roulé sur la pelouse

C. Il a téléphoné à son épouse

Réponse : A.

ELYSIA

LE SUPER QUIZ

Qui fut le meilleur passeur
du championnat d'Angleterre
en 2018 ?

A. Kevin De Bruyne

B. Eden Hazard

C. Mesut Özil

Réponse : A.

LE SUPER QUIZ

Qui a dit : « Si Xavi avait 25 ans, je lui offrirais un contrat de 25 ans » ?

A. Lionel Messi

B. Luis Enrique

C. Zinédine Zidane

Réponse : B.

LE SUPER QUIZ

Vrai ou faux ?
Le pull fétiche que Joachim Löw portait durant le Mondial 2010 a été vendu 1,2 million d'euros ?

Réponse : Vrai. Ce pull en cachemire a été vendu au profit d'une association caritative.

FIFA
FIFA
WORLD CUP

LE SUPER QUIZ

Quel est le seul joueur allemand à avoir joué tous les matchs des Coupes du monde 2010 et 2014, ainsi que des Euro 2012 et 2016 ?

Réponse : Mesut Özil.

LE SUPER QUIZ

Combien de titres
Andrés Iniesta a-t-il remportés
avec le FC Barcelone ?

A. 11

B. 20

C. 32

Réponse : C.

uhlsport

LE SUPER QUIZ

Entre 2012 et 2019,
quel joueur a remporté
8 championnats nationaux d'affilée ?

A. Arturo Vidal

B. Cristiano Ronaldo

C. Zlatan Ibrahimović

Réponse : A.

IBRAHIMOVIĆ
21
21

LE SUPER QUIZ

En 2012, contre quel pays
Zlatan Ibrahimović a-t-il marqué
un retourné acrobatique incroyable ?

A. L'Italie
B. La Belgique
C. L'Angleterre

Réponse : C.

adidas
TeamViewe

LE SUPER QUIZ

Vrai ou faux ?
Cristiano Ronaldo porte le prénom Ronaldo en hommage au joueur hollandais Ronald Koeman ?

Réponse : Faux. Ce prénom est un hommage à l'ancien président des États-Unis Ronald Reagan.

adidas
TeamViewe

LE SUPER QUIZ

En quelle année
est né Cristiano Ronaldo ?

Réponse : En 1985 (le 5 février).

uhlsport

LE SUPER QUIZ

En 2018, quel transfert a fait « exploser » les réseaux sociaux de la Juventus de Turin ?

Réponse : Celui de Cristiano Ronaldo.

LE SUPER QUIZ

Que représente le tatouage qui recouvre entièrement le dos de Memphis Depay ?

A. Un lion

B. L'écusson du PSV

C. Le visage de sa maman

Réponse : A.

uhlsport

LE SUPER QUIZ

En 2017, quelle légende du foot anglais a participé à une course hippique comme jockey ?

A. Wayne Rooney

B. Michael Owen

C. Alan Shearer

Réponse : B. Il s'est reconverti dans ce sport.

PLVS
VLTRA

LE SUPER QUIZ

Quel joueur espagnol
fut le capitaine du FC Barcelone
de 2004 à 2014 ?

Réponse : Le défenseur Carles Puyol.

ELYSIA

LE SUPER QUIZ

Quel attaquant est né au sein d'une famille d'artistes ?

A. Zlatan Ibrahimović

B. Robin van Persie

C. Thomas Müller

Réponse : B. Sa maman est peintre et son père est sculpteur.

uhlsport

LE SUPER QUIZ

Lequel de ces joueurs
a le plus de followers sur Instagram
(chiffres février 2022) ?

A. Eden Hazard

B. Sergio Ramos

C. Marcelo

Réponse : C. Le Brésilien mène ce classement avec 52,1 millions de followers. Il devance Sergio Ramos (49,5 millions) et Eden Hazard (26,8 millions).

PITCH
1
SFR

LE SUPER QUIZ

En 2015, quel exploit a réalisé Robert Lewandowski ?

A. Il a inscrit 5 buts en 9 minutes

B. Il a marqué un but avec ses fesses

C. Il a frappé le ballon à 181 km/h

Réponse : A. C'est le quintuplé le plus rapide de l'Histoire.

LE SUPER QUIZ

Dans quel club N'Golo Kanté a-t-il commencé sa carrière ?

A. US Boulogne

B. Paris Saint-Germain

C. Leicester City

Réponse : A.

LE SUPER QUIZ

Lequel de ces joueurs a le plus de followers sur Instagram (chiffres février 2022) ?

A. Thomas Müller

B. Mesut Özil

C. Dani Alves

Réponse : C. Le Brésilien a 35,5 millions de followers. Il devance Mesut Özil (24 millions) et Thomas Müller (10,2 millions).

FIFA
FIFA
WORLD CUP

LE SUPER QUIZ

Qui a inscrit le but
de la victoire lors de la finale
de la Coupe du monde 2014 ?

Réponse : Mario Götze.

FIFA
FIFA
WORLD CUP

LE SUPER QUIZ

Qui fut désigné meilleur joueur de la Coupe du monde 2014 ?

A. Thomas Müller

B. Lionel Messi

C. Arjen Robben

Réponse : B. Il fut désigné meilleur joueur malgré la défaite de son pays en finale.

21
21

LE SUPER QUIZ

Dans combien de pays différents Zlatan Ibrahimović a-t-il remporté le titre de champion ?

Réponse : Dans 4 pays différents, les Pays-Bas, l'Italie, l'Espagne et la France. Mais il n'a jamais remporté le championnat de Suède !

21

LE SUPER QUIZ

Dans quelle équipe Zlatan Ibrahimović n'a-t-il pas joué ?

A. Inter de Milan

B. FC Barcelone

C. PSV Eindhoven

Réponse : C.

ELYSIA

LE SUPER QUIZ

Quelle taille mesure
Zlatan Ibrahimović ?

A. 1,89 mètre
B. 1,95 mètre
C. 2,01 mètres

Réponse : B.

All
YOUR LIVE LIMITLESS
30

LE SUPER QUIZ

Dans quelle ville est né Lionel Messi ?

A. Barcelone

B. La Plata

C. Rosario

Réponse : C. Cette ville se trouve en Argentine.

ALL
LIVE LIMITLESS
30

LE SUPER QUIZ

Quel âge avait Lionel Messi lorsqu'il marqua son premier but chez les pros ?

Réponse : 17 ans et 310 jours.

adidas
TeamViewe

LE SUPER QUIZ

Vrai ou faux ?
Cristiano Ronaldo a remporté plus de Ligues des champions que de championnats avec le Real de Madrid.

Réponse : Vrai. Il a remporté 4 Ligues des champions et 2 Liga avec le Real de Madrid.

adidas
TeamViewe

LE SUPER QUIZ

Entre 2009 et 2018, combien de championnats d'Espagne Cristiano Ronaldo a-t-il remportés ?

A. 2

B. 3

C. 6

Réponse : A. Il a remporté 2 Liga avec le Real de Madrid (2012 et 2017).

DES CLUBS CHAMPIONS
EUROPÉENS

LE SUPER QUIZ

Depuis 2014, quel joueur détient le record de buts sur une édition en Ligue des champions ?

A. Lionel Messi

B. Zlatan Ibrahimović

C. Cristiano Ronaldo

Réponse : C. Il détient ce record avec 17 buts lors de la saison 2013-2014.

uhlsport

LE SUPER QUIZ

Quel joueur possède
une statue à son effigie devant
le stade de LA Galaxy ?

Réponse : David Beckham.

LE SUPER QUIZ

Qu'est-il arrivé à l'attaquant Erling Haaland pour son premier match pour le Borussia Dortmund ?

A. Il ne s'est pas réveillé

B. Il a marqué un triplé

C. Il a raté le bus se rendant au stade

Réponse : B.

LE SUPER QUIZ

En 2019, quelle joueuse a refusé de rencontrer Donald Trump ?

A. Megan Rapinoe

B. Carli Lloyd

C. Alex Morgan

Réponse : A. L'Américaine, championne du monde 2019 et meilleure joueuse du tournoi, a refusé de se rendre à la Maison Blanche, car elle ne voulait pas rencontrer Donald Trump.

uhlsport

LE SUPER QUIZ

En 2020, quelle joueuse a battu le record de buts en sélection nationale (hommes et femmes confondus) ?

A. Lucy Bronze

B. Alex Morgan

C. Christine Sinclair

Réponse : C. Le 29 janvier 2020, la Canadienne a battu le record mondial, en inscrivant son 185e but. En 2022, son record s'élève à 188 buts.

LE SUPER QUIZ

Quel joueur a remporté
tous les trophées existants
(en club et en équipe nationale) ?

A. Lionel Messi

B. Pedro Rodríguez

C. Andrés Iniesta

Réponse : B. En 2019, l'Espagnol Pedro Rodriguez est devenu le premier joueur de l'histoire à remporter tous les trophées.

uhlsport

LE SUPER QUIZ

Quel joueur anglais s'est fait renvoyer du centre de formation d'Arsenal ?

A. Harry Kane

B. Raheem Sterling

C. Jadon Sancho

Réponse : A. À 8 ans, Harry Kane a été jugé trop faible pour le centre de formation d'Arsenal… Mauvais choix !

LE SUPER QUIZ

Dans quel club brésilien Neymar a-t-il commencé sa carrière ?

A. SC Corinthians

B. SE Palmeiras

C. Santos FC

Réponse : C.

21

LE SUPER QUIZ

Dans quel club suédois
Zlatan Ibrahimović a-t-il
commencé sa carrière ?

A. Kalmar FF

B. IFK Göteborg

C. Malmö FC

Réponse : C.

uhlsport

LE SUPER QUIZ

Quelle légende du foot européen
a marqué 53 buts en 58 matchs
pour LA Galaxy ?

A. David Beckham

B. Zlatan Ibrahimović

C. David Villa

Réponse : B.

ELYSIA

LE SUPER QUIZ

Lequel de ces espoirs du foot est le plus grand ?

A. Jadon Sancho

B. Matthijs De Ligt

C. Trent Alexander-Arnold

Réponse : B. Il mesure 1,89 mètre et devance ainsi les deux autres, qui mesurent 1,80 mètre.

Rakuten

LE SUPER QUIZ

Dans quel club a débuté
Frenkie De Jong ?

A. Ajax d'Amsterdam

B. Willem II

C. FC Bruges

Réponse : B. Il a ensuite
été transféré à l'Ajax puis au FC Barcelone.

uhlsport

LE SUPER QUIZ

Lequel de ces trois joueurs
est le plus jeune ?

A. Kylian Mbappé
B. João Felix
C. Frenkie De Jong

Réponse : B.

ETIHAD
AIRWAYS

LE SUPER QUIZ

Quel numéro porte Raheem Sterling à Manchester City ?

Réponse : Le numéro 7.

uhlsport

LE SUPER QUIZ

Quelle star du foot anglais a grandi
à côté du stade de Tottenham ?

A. Harry Kane

B. Marcus Rashford

C. Raheem Sterling

Réponse : A. Destin magique, il est désormais
l'une des stars de l'équipe de Tottenham.

uhlsport

LE SUPER QUIZ

Quel joueur belge a une maman qui fut footballeuse de haut niveau ?

A. Eden Hazard

B. Romelu Lukaku

C. Kevin De Bruyne

Réponse : A. Carine Hazard évolua en première division belge. Elle mit un terme à sa carrière lors de la naissance de son fils.

uhlsport

LE SUPER QUIZ

Quel célèbre joueur européen
est surnommé « Zouko » ?

A. Frenkie De Jong

B. Robert Lewandowski

C. Luka Modrić

Réponse : C.

LE SUPER QUIZ

Quel est le nom complet
de Benjamin Pavard ?

A. Benjamin Pelé Diego Pavard
B. Benjamin Claude François Pavard
C. Benjamin Jacques Marcel Pavard

Réponse : C.

uhlsport

LE SUPER QUIZ

Quel célèbre défenseur
est surnommé « Monsieur Propre » ?

A. Sergio Ramos

B. Raphaël Varane

C. Virgil van Dijk

Réponse : B.

LE SUPER QUIZ

Quelle légende
du Real de Madrid a remporté
6 Ligues des champions ?

A. Francisco Gento

B. Vicente del Bosque

C. Ferenc Puskás

Réponse : A. Il les a remportées avec le Real
entre 1956 et 1966. Il s'agit toujours d'un record.

DES CLUBS CHAMPIONS
EUROPÉENS

LE SUPER QUIZ

Quels furent les 3 buteurs français de la finale de la Coupe du monde 2018 ?

Réponse : Antoine Griezmann, Paul Pogba et Kylian Mbappé.

ELYSIA

LE SUPER QUIZ

Vrai ou faux ?
En 2000, Thierry Henry s'est bêtement blessé avec un poteau de corner.

Réponse : Vrai. Il se blessa à l'œil après avoir célébré l'un de ses buts en tapant sur le poteau de corner. Celui-ci ricocha et le frappa au visage.

DES CLUBS CHAMPIONS
EUROPEENS

LE SUPER QUIZ

En 1995, qui est devenu le plus jeune buteur en finale de Ligue des champions ?

A. Ronaldo

B. Jari Litmanen

C. Patrick Kluivert

Réponse : C (à 18 ans et 327 jours).

LE SUPER QUIZ

Qui a remporté le Ballon d'or féminin 2019 ?

A. Alex Morgan

B. Ada Hegerberg

C. Megan Rapinoe

Réponse : C.

ELYSIA

LE SUPER QUIZ

Quelle est la taille de Pelé ?

A. 1,73 mètre

B. 1,80 mètre

C. 1,89 mètre

Réponse : A.

LE SUPER QUIZ

Combien de matchs
officiels Pelé a-t-il joués ?

A. 722

B. 1 376

C. 3 741

Réponse : B.

ELYSIA

LE SUPER QUIZ

Quel joueur italien a raté
son penalty lors de la séance
des tirs aux buts pendant la finale
de la Coupe du monde 1994 ?

A. Roberto Baggio
B. Alessandro Del Piero
C. Filippo Inzaghi

Réponse : A.

ELYSIA

LE SUPER QUIZ

Qui termina meilleur buteur
de l'Euro 1984 ?

A. Marco van Basten
B. Gerd Müller
C. Michel Platini

Réponse : C (9 buts en 5 matchs).

FIFA
WORLD CUP

LE SUPER QUIZ

Qui détient le record de buts marqués lors d'une Coupe du monde ?

A. Gerd Müller

B. Eusébio

C. Just Fontaine

Réponse : C (13 buts lors du Mondial 1958).

LE SUPER QUIZ

Dans quelle équipe Michel Platini a-t-il évolué de 1979 à 1982 ?

A. Juventus de Turin

B. AS Monaco

C. AS Saint-Étienne

Réponse : C.

LE SUPER QUIZ

Qui fut le premier Français à remporter le Ballon d'or ?

A. Michel Platini

B. Raymond Kopa

C. Just Fontaine

Réponse : B. Raymond Kopa fut le premier Français, en 1958.

LE SUPER QUIZ

Dans quel club le Brésilien Romário a-t-il évolué de 1988 à 1993 ?

A. PSV Eindhoven

B. FC Barcelone

C. RSC Anderlecht

Réponse : A.

FIFA
WORLD CUP

LE SUPER QUIZ

Qui fut le meilleur buteur de la Coupe du monde 1998 ?

A. Ronaldo

B. Davor Šuker

C. Thierry Henry

Réponse : B.

ELYSIA

LE SUPER QUIZ

Qui fut le meilleur buteur
de la Coupe du monde 1966 ?

A. Eusébio

B. Franz Beckenbauer

C. Bobby Charlton

Réponse : A.

FIFA
FIFA
WORLD CUP

LE SUPER QUIZ

Qui fut désigné meilleur joueur
de la Coupe du monde 1998 ?

A. Ronaldo

B. Zinédine Zidane

C. Didier Deschamps

Réponse : A.

ELYSIA

LE SUPER QUIZ

Qui fut désigné meilleur joueur de la Coupe du monde 1994 ?

A. Romário

B. Roberto Baggio

C. Hristo Stoitchkov

Réponse : A.

ELYSIA

LE SUPER QUIZ

Qui fut désigné meilleur
joueur de la Coupe du monde 1986 ?

A. Michel Platini

B. Lothar Matthäus

C. Diego Maradona

Réponse : C.

uhlsport

LE SUPER QUIZ

Quel joueur légendaire
s'appelait en réalité
Edson Arantes do Nascimento ?

A. Ronaldo

B. Rivaldo

C. Pelé

Réponse : C.

LE SUPER QUIZ

Combien de buts Pelé
a-t-il marqués pour le Brésil ?

A. 77 buts

B. 96 buts

C. 118 buts

Réponse : A.

LE SUPER QUIZ

Combien de triplés Pelé
a-t-il inscrits durant sa carrière ?

A. 54

B. 77

C. 92

Réponse : C.

LE SUPER QUIZ

Quel joueur a remporté le Ballon d'or en 1986 ?

A. Marco van Basten

B. Gary Lineker

C. Igor Belanov

Réponse : C.

10

LE SUPER QUIZ

Quel numéro Zinédine Zidane portait-il lorsqu'il jouait à la Juventus de Turin ?

A. 5

B. 10

C. 21

Réponse : C.

LE SUPER QUIZ

Combien de buts
Diego Maradona a-t-il marqués
avec le maillot argentin ?

A. 17 buts

B. 34 buts

C. 51 buts

Réponse : B.

LE SUPER QUIZ

À quel âge Diego Maradona a-t-il disputé son premier match avec l'Argentine ?

Réponse : 16 ans.

LE SUPER QUIZ

En 1982, pour quelle somme Maradona fut-il transféré au FC Barcelone ?

A. 8 millions de dollars

B. 18 millions de dollars

C. 28 millions de dollars

Réponse : A. À l'époque, il s'agissait d'un record.

uhlsport

LE SUPER QUIZ

Qui a dit : « J'ai un avantage sur les hommes politiques. Eux, ils sont publics, alors que moi, je suis populaire » ?

A. Johan Cruyff

B. Pelé

C. Diego Maradona

Réponse : C.

LE SUPER QUIZ

Dans quel club Diego Maradona n'a-t-il pas joué ?

A. River Plate

B. Boca Juniors

C. FC Barcelone

Réponse : A.

All
LIVE LIMITLESS
30

LE SUPER QUIZ

Qui a déclaré :
« Messi est incroyable,
il est la meilleure invention depuis
le pain en tranches » ?

A. Vicente del Bosque

B. Alfredo Di Stéfano

C. Diego Maradona

Réponse : A.

10

LE SUPER QUIZ

En 1991, quel cadeau Zinédine Zidane a-t-il reçu pour son premier but chez les pros ?

A. Un jean Levi's

B. Une voiture

C. Une machine à laver

Réponse : B.

10

LE SUPER QUIZ

Vrai ou faux ?
Zinédine Zidane était ramasseur
de balles lors de l'Euro 1984.

Réponse : Vrai. Il avait 12 ans.

10

LE SUPER QUIZ

Quel joueur du Real de Madrid a joué avec Zidane, a été entraîné par Zidane et a même joué avec le fils de Zidane ?

A. Marcelo

B. Sergio Ramos

C. Iker Casillas

Réponse : B.

adidas
TeamViewe

LE SUPER QUIZ

Quelle somme coûta le transfert de Cristiano Ronaldo, quand il avait 11 ans, entre son club formateur à Madère et le Sporting Portugal ?

A. 45 euros

B. 2 200 euros

C. 1 million d'euros

Réponse : B.

LE SUPER QUIZ

Quel célèbre attaquant
a remporté le titre de meilleur
buteur du championnat d'Angleterre
à 4 reprises ?

A. Éric Cantona

B. Thierry Henry

C. Cristiano Ronaldo

Réponse : B.

Fly Emirates

En 2006, quel cadeau incroyable Ronaldinho a-t-il reçu ?

A. Une statue de lui en chocolat

B. Un ballon de 500 kilos d'or

C. Une voiture en carton

Réponse : A. Un chocolatier
lui offrit une statue grandeur nature
de plus de 105 kilos pour le remercier
de la victoire du Barça en Ligue des champions.

uhlsport

LE SUPER QUIZ

Quel joueur a un papa
qui a participé à la Coupe
du monde 1974 ?

A. Claude Makelele

B. Nicolas Anelka

C. Bixente Lizarazu

Réponse : A.

ELYSIA

LE SUPER QUIZ

Quel joueur était surnommé
« Le Pitbull » en raison
de sa combativité ?

A. Clarence Seedorf

B. Edgar Davids

C. Patrick Kluivert

Réponse : B.

1

LE SUPER QUIZ

Quel célèbre gardien de but avait l'habitude de jouer avec un casque en mousse ?

A. Santiago Cañizares

B. Petr Čech

C. Jens Lehmann

Réponse : B. Le gardien tchèque a pris cette habitude après avoir reçu un coup de genou sur la tête.

FIFA
WORLD CUP

LE SUPER QUIZ

Quel joueur emblématique allemand a manqué la Coupe du monde 2010 à cause d'une blessure ?

A. Bastian Schweinsteiger

B. Philipp Lahm

C. Michael Ballack

Réponse : C.

NEW HOLLAND
FIAT GROUP

LE SUPER QUIZ

De 2001 à 2009,
de quel club italien Pavel Nedvěd
portait-il le maillot ?

Réponse : La Juventus de Turin.

ELYSIA

LE SUPER QUIZ

Depuis 2007, quel attaquant hollandais détient le record du but le plus rapide marqué en Ligue des champions ?

A. Roy Makaay

B. Ruud van Nistelrooy

C. Klaas-Jan Huntelaar

Réponse : A (10,26 secondes après le coup d'envoi).

adidas
TeamViewer

LE SUPER QUIZ

Vrai ou faux ?
Tous les soirs avant de dormir, Cristiano Ronaldo boit un verre de whisky.

Réponse : Faux. Cristiano Ronaldo s'est juré de ne jamais boire d'alcool, car son papa était alcoolique.

LE SUPER QUIZ

Qui fut le meilleur buteur
de la Coupe du monde 2010 ?

A. Thomas Müller

B. Lionel Messi

C. Miroslav Klose

Réponse : A.

FIFA
WORLD CUP

LE SUPER QUIZ

Qui fut le meilleur buteur
de la Coupe du monde 2014 ?

A. James Rodríguez

B. Lionel Messi

C. Neymar

Réponse : A.

FIFA
WORLD CUP

LE SUPER QUIZ

Qui fut le meilleur buteur
de la Coupe du monde 2018 ?

A. Romelu Lukaku

B. Harry Kane

C. Kylian Mbappé

Réponse : B.

FIFA
WORLD CUP

LE SUPER QUIZ

Dans quelle équipe
Franck Ribéry n'a-t-il jamais joué ?

A. Galatasaray SK

B. FC Metz

C. Paris Saint-Germain

Réponse : C.